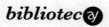

**Biblioteca Âyiné 29**

Stig Dagerman
A nossa necessidade de consolação
*Vårt behov av tröst är omättligt (Prosa och Poesi)*

© Editora Âyiné, 2020
© Stig Dagerman, 1952
Originalmente publicado por Norstedts, Sweden, 1952.
Publicado em acordo com Norstedts Agency
e Casanova & Lynch Literary Agency.

**Tradução** Flavio Quintale
**Preparação** Ana Martini
**Revisão** Andrea Stahel
**Ilustração** Julia Geiser
**Projeto gráfico** Renata de Oliveira Sampaio
**Produção gráfica** Daniella Domingues

ISBN 978-65-5998-083-3

## Âyiné

**Direção editorial** Pedro Fonseca
**Coordenação editorial** Luísa Rabello
**Direção de arte** Daniella Domingues
**Coordenação de comunicação** Clara Dias
**Assistência de comunicação** Ana Carolina Romero, Carolina Cassese
**Assistência de design** Lila Bittencourt
**Conselho editorial** Simone Cristoforetti, Zuane Fabbris, Lucas Mendes

Praça Carlos Chagas, 49. 2º andar. Belo Horizonte 30170-140
+55 31 3291-4164
www.ayine.com.br I info@ayine.com.br

# A nossa necessidade de consolação
**Stig Dagerman**

*Tradução de Flavio Quintale*

Âyiné

| | |
|---|---|
| 7 | **Atenção ao cão** |
| 11 | **A nossa necessidade de consolação** |

Dois textos póstumos

| | |
|---|---|
| 23 | **O homem que ama** |
| 25 | **O homem que deve morrer** |

Um texto inédito

| | |
|---|---|
| 31 | **O viajante (1951)** |

Posfácio

| | |
|---|---|
| 35 | **Entre a submissão romântica e a liberdade metafísica** |

## Atenção ao cão

*É deplorável, claro,
gente que vive de subsídios ter um cão.*

Declaração de um encarregado da
Previdência Social de Värmland

A lei tem seus defeitos.
Aos pobres concede-se o direito
   [de ter um cão.
Mas poderiam ter ratos:
Continuam isentos de impostos.

Ficam no bem-bom
Com suas crias onerosas.
Por que não brincam com as moscas?
Não são animais de companhia?

E o governo tem de arcar com tudo.
Tem de se acabar com isso
Ou esperar
Que acabem possuindo baleias.

Tem de se tomar a decisão:
Sacrificar os cães! A ideia não é boa?
Próxima etapa: sacrificar os pobres.

O governo vai economizar um bocado.

## A nossa necessidade de consolação

Falta-me fé e, portanto, não poderei jamais ser feliz, pois um homem feliz não pode temer que sua vida seja apenas um vagar insensato até a morte certa. Não herdei nenhum Deus, nenhum ponto fixo na Terra que pudesse chamar a atenção de um Deus; não herdei nem mesmo o furor oculto do cético, o gosto pelo deserto do racionalista ou a inocência ardente do ateu. Não ouso atirar pedras na mulher que crê em coisas de que duvido ou no homem que venera sua dúvida como se não estivesse também coberto pelas trevas. Essas pedras cairiam sobre mim, embora esteja convencido de uma coisa: a necessidade de consolação que temos não pode ser satisfeita.

Eu mesmo estou à caça de consolação como o caçador está atrás da presa. Onde vejo algo se mover no bosque, atiro. Meu tiro não acerta nada, mas às vezes uma presa cai aos meus pés. Como sei que a consolação dura um sopro de vento na copa da árvore, recolho a vítima.

O que carrego nos braços?

Como sou solitário: uma mulher amada ou um infeliz companheiro de viagem. Como sou poeta: um arco de palavras que me impregna de sentimentos de alegria e de surpresa. Como sou prisioneiro: uma brecha improvisada de liberdade. Como sou ameaçado pela morte: um animal vivo e aquecido, um coração ingrato que bate. Como sou ameaçado pelo mar: uma rocha de granito imóvel.

Há também, no entanto, consolações que chegam a mim como hóspedes não convidados e preenchem minha sala de burburinhos mundanos: sou os seus desejos – ame-os, todos! Sou o seu talento – abuse de mim como de você mesmo! Sou o amor dos prazeres – só os ardentes vivem! Sou a solidão – despreze os seres humanos! Sou a nostalgia da morte – capitule!

Equilibrando-se em um eixo frágil, vejo minha vida ameaçada por duas forças: de um lado a boca ávida pelo excesso, de outro a amargura avarenta que se nutre de si mesma. Recuso-me a escolher entre a orgia e a ascese, mesmo que o preço seja um tormento contínuo. Não me basta saber que tudo pode ser perdoado em nome da lei do arbítrio serviçal. Não busco uma desculpa para minha vida, mas justamente o contrário de uma desculpa: a expiação. Isso me faz concluir que qualquer tipo de consolação que não leve em consideração minha liberdade é enganosa, nada mais que a imagem refletida do meu desespero. Quando meu desespero diz: deixe-se levar pelo desconsolo, porque o dia está enclausurado entre duas noites, a falsa consolação grita: espere, porque a noite está enclausurada entre dois dias.

O homem não precisa de uma consolação que não passe de um jogo de palavras, mas de uma consolação que ilumine. E quem deseja ser mau, ou seja, um homem que age como se todas as ações fossem justificáveis, deve pelo menos ter a bondade de se dar conta disso quando consegue atingir seus objetivos.

Ninguém é capaz de enumerar todas as circunstâncias em que a consolação é necessária. Ninguém sabe quando se extingue a obscuridade e a vida deixa de ser um problema que pode ser resolvido separando-se a luz das trevas e os dias das noites; é, ao contrário, uma viagem cheia de imprevistos entre lugares inexistentes. Posso, por exemplo, caminhar na praia e, de repente, sentir o desafio assustador da eternidade contra a minha existência, no movimento incessante do mar e no soprar ininterrupto do vento. O que é, então, o tempo, senão uma consolação, já que nada de humano é perene – e que consolação miserável, que faz apenas enriquecer os suíços!

Posso estar sentado junto ao fogo na mais segura das salas e, de repente, sentir a morte se aproximar. Está no fogo, em todos os objetos afiados ao meu redor, no peso do teto e no volume das paredes, na água, na neve, no calor e no meu sangue. O que é a segurança do homem senão uma consolação, já que a morte está lado a lado com a vida – e que míngua consolação, que nos faz apenas recordar o que gostaríamos de esquecer!

Posso preencher todas as folhas em branco com as mais belas composições de palavras que florescem em meu cérebro. Como desejo assegurar-me que minha vida não é sem sentido e que eu não estou sozinho na face da terra, recolho as palavras em um livro e com ele presenteio o mundo. O mundo retribui-me com dinheiro, fama e silêncio. Mas não me importa nada o dinheiro ou contribuir para o enriquecimento e a grandiosidade da literatura – a única coisa que me importa é a que jamais obtenho: a certeza de que minhas palavras tenham tocado o coração do mundo. Meu talento não passa de uma consolação à minha solidão – uma consolação frustrante que me leva apenas a viver a solidão cinco vezes mais!

Posso ver a liberdade encarnada em um animal que atravessa o campo correndo e ouvir uma voz que sussurra: viva, simplesmente, tenha tudo o que desejar e não tema a lei! Mas esse bom conselho não passa de uma consolação porque a liberdade não existe – uma consolação impiedosa para quem compreende que são necessários milhões de anos para um ser humano transformar-se em lagartixa!

Posso, finalmente, descobrir que essa terra é uma fossa comum na qual repousam lado a lado Salomão, Ofélia e Himmler. Posso aprender a lição de que o cruel e o infeliz morrem como o sábio e que, portanto, a morte se assemelha à consolação de uma vida desperdiçada. Mas que consolação horrível ver a morte como consolação para a vida!

Não tenho uma filosofia em que possa estar como o pássaro no céu ou o peixe na água. Tudo que tenho é um duelo, travado entre as falsas consolações, a cada instante da minha vida, que apenas aumentam a impotência e a profundidade do meu desespero, e as verdadeiras consolações, que me levam à libertação temporária. Deveria talvez dizer: a verdadeira consolação, pois, na verdade, para mim não existe a não ser uma, a de ser um homem livre, um indivíduo inviolável, uma pessoa soberana dentro dos meus limites.

Mas a liberdade inicia-se com a escravidão e a soberania, com a submissão. O indício mais claro da minha falta de liberdade é o temor de viver. Um sinal irrefutável da minha liberdade é que o temor recua e deixa espaço à alegria tranquila da independência. Parece que tenho necessidade da dependência para ter por fim a consolação de ser um homem livre, e isso é certamente verdadeiro. À luz das minhas ações descubro que toda a minha vida parece ter por único objetivo encontrar a pedra a ser amarrada ao meu pescoço. Aquilo que poderia me dar liberdade dá-me escravidão, e pedra em vez de pão.

Homens diferentes, patrões distintos. Eu, por exemplo, sou tão escravo do meu talento que não tenho coragem de usá-lo por temor de perdê-lo. Sou, assim, tão escravo da minha reputação que não ouso escrever uma linha por temor de difama-la E, finalmente, quando sobrevém a depressão, torno-me escravo também dela.

O meu maior desejo torna-se o de retê-la; meu maior prazer, sentir que meu único valor estava naquilo que creio ter perdido: a capacidade de exprimir a beleza do meu desespero, do meu desgosto, das minhas fraquezas. Com alegria amarga quero ver o desmoronar das minhas construções e ser sepultado debaixo dos destroços. A depressão tem sete caixas, e, na sétima, estão uma faca, uma lâmina de barbear, um veneno, águas profundas e um salto no abismo. Acabo sendo escravo de todos esses instrumentos de morte. Seguem-me como cães, ou sou eu quem os sigo como um cão. Faz-me compreender que o suicídio é a única prova de liberdade humana.

Não faço ideia de onde vem o milagre da libertação que se aproxima. Talvez da praia, e a mesma eternidade que pouco antes me suscitava medo agora é testemunha de meu nascimento na liberdade. Em que consiste esse milagre? Na descoberta inesperada, simplesmente, de que ninguém, nenhuma força, nenhum ser humano, tem o direito de exigir de mim que eu me afaste da minha vontade de viver. Se não existe, pois, essa vontade – o que pode existir?

Encontrando-me à beira-mar, posso aprender com o mar. Ninguém tem o direito de ter a pretensão de que o mar mantenha todas as embarcações ou exigir do vento que sopre constantemente nas velas. Do mesmo modo, ninguém tem o direito de ter a pretensão que minha vida torne-se uma prisão a serviço de certas funções. Não o dever antes de tudo, mas a vida antes de tudo! Devo ter o direito, como todo ser humano, a momentos em que posso isolar-me e sentir que não sou apenas um elemento da massa, chamada de população terrestre, mas uma unidade que age autonomamente.

Apenas nesses momentos posso estar livre diante de todas aquelas percepções sobre a vida que me haviam levado anteriormente ao desespero. Posso reconhecer que o mar e o vento sobreviverão e que a eternidade não cuida de mim. Mas quem me pede para ser cuidado pela eternidade? A minha vida é breve apenas se a coloco no patíbulo do cálculo do tempo. As possibilidades da minha vida são limitadas apenas se calculo a quantidade de palavras ou livros que terei tempo de produzir antes de morrer. Mas quem me pede para fazer esse cálculo? O tempo é uma falsa medida para a vida. O tempo, no fundo, é um instrumento de medida sem valor, porque atinge somente os aspectos externos da vida.

Tudo o que me ocorre de importante, tudo o que confere algo maravilhoso à minha vida, como o encontro com a pessoa amada, uma carícia sobre a pele, uma ajuda em um momento de necessidade, o claro da lua, um passeio de barco no mar, a alegria de uma criança, a emoção diante da beleza, tudo isso se passa fora do tempo. Encontrar a beleza por um segundo ou por cem anos é completamente indiferente. Não apenas a beatitude encontra-se fora do tempo, mas ela nega também a relação entre o tempo e a vida.

Deponho das minhas costas o fardo do tempo e, com ele, tudo o que se pretende de mim. A minha vida não é algo que se deva medir. Nem o salto do bode nem o nascer do sol dizem respeito a mim. Nem mesmo uma vida humana. É um desenvolver-se e ampliar-se rumo à perfeição. E aquilo que é perfeito não dá na vista, age em silêncio. Não faz sentido defender que o mar existe para as frotas e os golfinhos. Ele faz algo para eles, certamente, mas mantendo sua liberdade. E também não faz sentido afirmar que o homem existe para qualquer outra coisa que não seja o viver. Claro, ele produz máquinas e escreve livros, mas poderia fazer qualquer outra coisa. O essencial é que faça o que faz, mantendo a própria liberdade e com a consciência clara de ter em si – como qualquer outro ser da criação – o próprio fim. Repousa nele mesmo como uma pedra na areia.

Posso também ser livre diante do poder da morte. Claro que não poderei jamais me libertar do pensamento de que a morte segue os meus passos e muito menos poderei negar sua realidade. Mas posso reduzir sua ameaça até aniquilá-la não ancorando minha vida em pontos de apoio tão precários como o tempo e a fama.

Não está, porém, em meu poder permanecer constantemente junto ao mar e confrontar sua liberdade com a minha. Virá o tempo em que deverei render-me à terra e afrontar os organizadores da minha opressão. Serei então obrigado a reconhecer que o homem dá à própria vida formas que, pelo menos na aparência, são mais fortes do que ele. Com toda a liberdade que acabei de conquistar, não me é possível despedaçá-la, posso somente me lamentar sob seu peso. Posso, contudo, distinguir os pesos do fardo que se apresentam ao homem, entre irracionais e incontornáveis. Um tipo de liberdade, compreendo, está perdida para sempre ou por muito tempo. Falo da liberdade que deriva do privilégio de ser dono do próprio elemento. O peixe tem seu elemento, o pássaro, o seu, o animal terrestre, o seu. O homem, ao contrário, move-se nesses elementos correndo todos os riscos de um intruso. Thoreau tinha a floresta de Walden, mas onde está agora a floresta em que o homem pode demonstrar que é possível viver em liberdade, fora das formas enrijecidas da sociedade?

Sou obrigado a responder: em nenhum lugar. Se quero viver em liberdade deve ser, por enquanto, dentro dessas formas. O mundo é, portanto, mais forte do que eu. Não há outra forma de se opor ao seu poder do que por mim mesmo – o que não é pouco. Enquanto não me deixo realmente dominar, sou também uma força. E minha força é temível enquanto eu tiver o poder das palavras para me opor ao mundo, pois quem constrói prisões exprime-se pior do que aquele que constrói a liberdade. Minha força, porém, será ilimitada somente no dia em que terei apenas o meu silêncio para defender minha inviolabilidade, já que não há machado capaz de talhar um silêncio vivo.

Essa é minha única consolação. Sei que as recaídas no desespero serão muitas e profundas, mas a lembrança do milagre da libertação me sustenta como uma asa rumo a uma meta vertiginosa: uma consolação mais bela do que uma consolação e maior do que uma filosofia, ou seja, uma razão de viver.

**Dois textos póstumos**

## **O homem que ama**

O homem que ama encontra uma concha na praia. Quando a leva ao ouvido não ouve o mar, nem o vento, nem os anjos, mas a própria voz que canta: Te amo. Jamais ouvira algo tão belo.

Em outra praia jazem todos os homens adormecidos. Alguém caminha lentamente na praia, levanta-os um a um, leva-os ao ouvido e permanece a ouvi-los. Em alguns homens-concha ouve o ladrar dos cães, em outros, um rugir distante de tigres ou golpes de martelo, em outros ainda, um rumor desordeiro de máquinas. Mas em uma concha ecoa o grito de um peixe. Esse é o som do homem que ama quando alguém o leva ao ouvido.

Se os planetas pudessem amar, sairiam de suas órbitas e seria o caos. A sobrevivência do universo é garantida pelo fato de que o amor é impossível. Mesmo o homem que ama tem o pressentimento de que o amor é irmão da morte. Mas isso não o impede, prisioneiro de sua órbita, de abrir uma passagem à cela do vizinho, exaltando de alegria: Sou livre!

## O homem que deve morrer

O homem que deve morrer fixa os olhos da sabedoria no céu, que tudo contém, das pedras que voam ao pássaro que tomba. Entrevê Deus curvado sob seu jugo de estrelas. Um Deus que não pode mais enganá-lo a manter-se de pé. Sua mão empenhou-se muito tempo em alcançar a testa do homem. Quando finalmente tocou-lhe, estava fria como um peixe.

O homem que está para morrer pergunta ao mundo: O que minha rendição me dará em troca? Conhece já a resposta: uma rosa, um despertador ou um coquetel. Se isso não lhe bastar, ele será chamado de ingrato.

Conta-se que os animais, quando chega o momento de morrer, buscam um lugar solitário onde não possam ser encontrados. Apenas o caçador vê o animal morrer, e sabe-se lá se aquilo que testemunha é, de fato, a morte. Talvez seja somente um engano, talvez lhe seja oferecido apenas o espetáculo de um ferimento e de um olhar vítreo. Mas pode ser que o espetáculo da morte seja algo completamente diferente, algo muito mais simples. Para o animal, a morte é algo vergonhoso, a ser escondido, ou é, ao contrário, uma festa da qual ele é o único convidado?

Quantos animaizinhos morrem ignorados à sombra do elefante — mas à sombra de quem morre o elefante?

Para o homem que deve morrer, a morte não é uma vergonha, mas uma missão privilegiada confiada a ele mesmo. Nem mesmo nesses últimos instantes ele renega sua tendência à exibição. Touro, toureiro e público tiram, ao mesmo tempo, a espada, atravessam a lâmina e aplaudem o combate no qual o êxito estava já preestabelecido. Quando chega a noite, o sol se põe para sempre e a areia da arena vai-se espiralando pelo espaço. Tudo está vazio agora, nada além do vazio, porque o homem que está para morrer tem tudo nas mãos, e, quando é aniquilado, tudo é aniquilado com ele.

Por isso seu poder é ilimitado e pode ser demonstrado por qualquer pessoa que um dia subir ao cume do Empire State Building. Em três minutos será adorada pela polícia e, em cinco minutos, também pelos bombeiros chamados em urgência. Levará menos de uma hora para ser idolatrada pela imprensa, duas horas pelo rádio, e, em menos de doze horas, o mundo inteiro estará a seus pés. Em 24 horas, esse ser humano terá adquirido tamanha importância que não será feito nenhum esforço para salvá-lo e retirá-lo de lá — e, depois, levá-lo para onde? Assim também, um pequeno passo de dentro para fora da janela e da janela para seu parapeito pode transformar um ser socialmente insignificante em alguém que dá ordens aos chefes de Estado. Toda a esperança do universo está presa ao seu pescoço como uma pedra de moinho, e, se o sujeito é fraco e facilmente influenciável, dará um passo atrás, mas apenas para notar que um homem ao lado da morte no Empire State Building domina o mundo, enquanto o mesmo homem ao lado da vida, no mesmo edifício, não seria capaz de chamar a atenção de ninguém para si, nem mesmo de uma mosca.

O homem que está para morrer não pergunta no final: Meu Deus, meu Deus, por que me abandonaste? Sente que seu poder é tão vasto que por um segundo nem mesmo Deus pode comparar-se a ele. Por uma manhã, por um dia e uma noite, pela eternidade, é inacessível como a lança movendo-se e sibilando de um ponto ao outro.

**Um texto inédito**

## O viajante (1951)

Deixo sonhos imutáveis e relações instáveis. Deixo uma carreira promissora que me trouxe desprezo por mim mesmo e aprovação unânime. Deixo uma má reputação e a promessa de uma ainda pior. Deixo algumas centenas de milhares de palavras, algumas escritas com prazer, a maior parte por tédio e por dinheiro. Deixo uma situação econômica miserável, uma atitude vacilante com relação às grandes questões do nosso tempo, uma dúvida usada, mas de boa qualidade, e a esperança de uma libertação.

Levarei comigo na viagem um conhecimento inútil do globo terrestre, uma leitura superficial dos filósofos e, a terceira coisa, um desejo de aniquilamento e uma esperança de libertação. Levarei, além disso, um baralho, uma máquina de escrever e um amor infeliz pela juventude europeia. Levarei comigo, finalmente, a visão de uma lápide, destroços abandonados no deserto ou no fundo do mar, com esta epígrafe:

AQUI JAZ
UM ESCRITOR SUECO
MORTO POR NADA
SUA CULPA FOI A INOCÊNCIA
ESQUEÇAM-NO COM FREQUÊNCIA

# Posfácio

# Entre a submissão romântica e a liberdade metafísica

*Francisco Razzo*

Por brevidade, distinguirei o suicídio em duas grandes categorias: suicídio romântico e suicídio metafísico. O primeiro diz respeito a uma espécie de libertação submissa, um atentado contra o eu empírico a fim de ultrapassá-lo; o segundo, à radicalização da liberdade como experiência de poder negar *tudo* voluntariamente. Em Stig Dagerman, a síntese dessa tensão é levada às últimas consequências, não apenas literárias, como existenciais; não apenas românticas, como metafísicas. Seu manifesto poético, que não pode ser lido apenas como consolo literário nessa terra devastada, ao mesmo tempo exorta desespero e coragem. Nele, toda fragilidade e grandeza da condição humana estão desveladas.

Começo pelo suicídio romântico. A rigor, compreende-se esse tipo de suicídio como o ato mediante o qual o suicida, ao desejar se matar, busca eliminar algum sofrimento forte o suficiente para valer a pena aniquilar a própria vida. A indignidade da morte vale mais do que a indignidade da dor. O refúgio da morte não passa do *único meio*, o instrumento definitivo de ruptura e superação, para qualquer outro *fim*. Vingança, medo e desespero diante da dor encontrarão – acredita o romântico – repouso eterno no fundo do poço. Na dissolução desta vida, finita e frágil, há expectativas a título de ânsia de comunhão na eternidade.

Nesse caso, a necessidade de consolo *pode* ser satisfeita – pelo menos assim deseja o suicida. O peso da humilhação desta vida faz valer a pena saltar para dentro do abismo, ser devorado por ele. Como se Édipo, para desvendar o outro mistério, tivesse se entregado aos encantos da Esfinge. Porém, mais do que qualquer outro autor que colocou o suicídio em primeiro plano de suas reflexões poéticas e de sua vida, Dagerman nos alerta que nossa busca por consolação, sem a genuína liberdade, jamais será satisfeita. É preciso, antes de ser devorado, decifrar o enigma que o homem é para si mesmo.

Mas que tipo de liberdade poderia oferecer o suicídio romântico senão a repugnante ilusão de alívio? Por que continuar depositando esperanças de que, ao experimentar o mundo pelo lado de dentro, a harmonia existencial será reestabelecida? Trata-se de uma aposta alta.

O suicídio, no contexto romântico, nada mais significa do que ação condicionada. Uma esperança vaga, o produto de uma imaginação difusa ou que se difunde na vocação humana por transcendência. Para ser preciso com os termos, trata-se da última tentativa de encontrar a condição consoladora. Sendo assim, todo cálculo desse tipo de suicida ainda contém, em estado de crisálida, o desejo primordial de existir: pôr fim à própria vida consiste em maximizar a experiência de alívio em detrimento de tantos e tão absurdos sofrimentos *desta vida empírica*.

A virtude do suicídio romântico expressa, paradoxalmente, o supremo ato de covardia. Liberdade não passa de submissão. Deseja-se a própria morte por incapacidade de suportar a humilhação de continuar vivendo aqui e agora, como o *animal que tem quatro patas de manhã, duas ao meio-dia e três à noite*.

Portanto, e gostaria de enfatizar este aspecto, não se pode dizer que o suicida romântico seja, de fato, um homem livre. Não há liberdade no sentido de efetiva realização de uma escolha suprema, visto que as condições psicológicas e os devaneios poéticos determinam o ato de libertação. Livrar-se de um tormento não sinaliza exatamente a livre decisão como soberania. Quer se libertar da condição de um eu empírico para se manter agarrado à possibilidade de outra existência. Na morte, o suicida romântico imagina poder se livrar dessa dor sem conseguir se livrar completamente do desejo de si mesmo. Todo peso do mundo esmagou seus joelhos. Preferiu, por isso, pegar o último atalho. Antecipou sua entrada no abismo para ser lembrado – se lembrado for – como um triste fardo.

No extremo oposto está o suicídio metafísico. Aquele cujo cálculo parte de um único fato substancial: a suprema liberdade. Não se busca nada além de resolver, para si mesmo, o mistério de que, afinal, não há abismo fora dos limites do mundo. O homem como sendo a raiz e o desenraizamento de si. Alfa e ômega da liberdade.

Nesse contexto de decisão última, a liberdade para tirar a própria vida se refere a um poder, e um poder absoluto. Não é desejo condicionado pela tristeza, pela rotineira amargura, pelo peso do mundo nos ombros esmagando os joelhos. Sísifo, de Camus, por exemplo, chegava ao alto da montanha para provar a si mesmo sua capacidade de dar, no final do percurso, um sorriso. Mesmo que tenha de repetir tudo de novo e de novo e de novo... no eterno castigo de sua condição. Sua vida, porém, jamais era uma vida humilhada. Camus pensou o suicídio como o único problema verdadeiramente sério de toda filosofia. Porém, como homem revoltado, optou pela existência e pela solidariedade no interior do absurdo.

Não se trata, portanto, de encontrar *um meio*. O desejo de pôr um ponto-final definitivo não instrumentaliza a morte. O metafísico aqui se refere à mais elevada consciência de si: a própria morte como a ousadia de ser fim em si. Diferentemente de Camus, um metafísico genuíno que para existir evocava a reforma estética da vida, em Dagerman todas as contradições são resolvidas quando ele toma consciência e compreende «que o suicídio é a única prova de liberdade humana». Nada de exigências fora dos limites da liberdade, nenhuma expectativa depositada na transcendência. Nada de sorrisos no alto da montanha. Se, como ele diz, falta-lhe a fé, como não poderia ser feliz? Afinal, «uma consolação frustrante que me leva apenas a viver a solidão cinco vezes mais». Só há um objetivo diante da finitude e do terror metafísico: retornar ao nada.

Não seria essa tomada de consciência sua verdadeira consolação? Dagerman impõe seu critério e faz pelo menos uma exigência: «a verdadeira consolação, pois, na verdade, para mim não existe a não ser uma, a de ser um homem livre, um indivíduo inviolável, uma pessoa soberana dentro dos meus limites». Nenhum poeta ousou ir tão longe. Por exemplo, alguns famosos personagens de Dostoiévski, da fase pós-Sibéria, portanto da fase do entusiasmo profético, funcionaram apenas como caricaturas bem construídas dessa opção. Mas Dostoiévski era um crítico ferrenho dos revoltados metafísicos, pois tinha profunda fé no incondicional amor de Cristo. Dagerman, por sua vez, como ele mesmo confessa, não herdou nenhum Deus, «nem um ponto fixo na Terra que pudesse chamar a atenção de um Deus».

Quando resolve pôr fim à própria existência, o suicida metafísico escolhe, porque pode e sabe que pode escolher, levar consigo todo o sentido do mundo. Se o homem é, literalmente, uma tensão na existência

– o único ser consciente da possibilidade efetiva da não existência –, o suicida metafísico se apresenta a si mesmo como homem espiritualmente atormentado pelo absurdo de existir neste mundo tal como ele é. Seu imperativo categórico a favor do suicídio pode ser assim formulado: «agirei como se o suicídio devesse tornar-se, mediante minha vontade, uma lei universal para mim mesmo». Ser a capacidade de experimentar e poder destruir o todo.

Ele ama, assim, o mistério que é o nada, e ama simplesmente porque pode suportar o peso desse amor sem pretensão de ser correspondido. Seu vício é a coragem ilimitada: quando se suicida leva consigo toda a humanidade, deixando um rastro de vazio na existência. Essa é, pois, a «sua meta vertiginosa». Nesse ideal de morte, está a vertigem da liberdade, cega pelo próprio poder – como nos alertou o filósofo Michele Federico Sciacca, em *Morte e Imortalidade*. O suicídio metafísico abraça a morte a fim de se autoafirmar como realização da liberdade incondicional. É o homem medindo-se pela pretensão do absoluto e da gloriosa vontade de se tornar, para si mesmo, seu próprio deus miserável.

Ler as páginas de Stig Dagerman nos impõe um «desafio assustador da eternidade» contra nossa existência.

**Biblioteca Âyiné**

1. Por que o liberalismo fracassou?
**Patrick J. Deneen**

2. Contra o ódio
**Carolin Emcke**

3. Reflexões sobre as causas da liberdade e da opressão social
**Simone Weil**

4. Onde foram parar os intelectuais?
**Enzo Traverso**

5. A língua de Trump
**Bérengère Viennot**

6. O liberalismo em retirada
**Edward Luce**

7. A voz da educação liberal
**Michael Oakeshott**

8. Pela supressão dos partidos políticos
**Simone Weil**

9. Direita e esquerda na literatura
**Alfonso Berardinelli**

10. Diagnóstico e destino
**Vittorio Lingiardi**

11. A piada judaica
**Devorah Baum**

12. A política do impossível
**Stig Dagerman**

13. Confissões de um herético
**Roger Scruton**

14. Contra Sainte-Beuve
**Marcel Proust**

15. Pró ou contra a bomba atômica
**Elsa Morante**

16. Que paraíso é esse?
**Francesca Borri**

17. Sobre a França
**Emil Cioran**

18. A matemática é política
**Chiara Valerio**

19. Em defesa do fervor
**Adam Zagajewski**

20. Aqueles que queimam livros
**George Steiner**

21. Instruções para se tornar um fascista
**Michela Murgia**

22. Ler e escrever
**V. S. Naipaul**

23. Instruções para os criados
**Jonathan Swift**

24. Pensamentos
**Giacomo Leopardi**

25. O poeta e o tempo
**Marina Tsvetáeva**

26 O complô no poder
**Donatella Di Cesare**

27 Sobre o exílio
**Joseph Brodsky**

28 Uma mensagem para
o século XXI
**Isaiah Berlin**

29 A nossa necessidade
de consolação
**Stig Dagerman**

Composto em Baskerville e Helvetica
Belo Horizonte, 2022